AF369485

SAINT YVES

VIE. — MIRACLES. — CULTE

VUE ET DESCRIPTION DU TOMBEAU

POÉSIE EN L'HONNEUR DE SAINT YVES

TRÉGUIER. — CHANT HISTORIQUE

TRÉGUIER

LE FLEM, IMPRIMEUR-LIBRAIRE

—

1890

Tréguier. — Imprimerie Le Flem.

AU LECTEUR.

Pour répondre à la grande dévotion des Bretons à
Saint Yves, nous avons voulu réunir dans une même
brochure : — l'abrégé de la vie de notre grand Saint,
emprunté à l'ouvrage remarquable de Monsieur l'abbé
France, Curé-Archiprêtre de Lannion ; — nous y avons
ajouté une poésie due à la plume distinguée d'un de
nos compatriotes et dédiée à Sa Grandeur, Monseigneur
Fallières, qui, Breton de cœur, aime et honore nos
Saints ; — la description sommaire de l'étude d'un
érudit hagiographe, M. Arthur de La Borderie, Membre
de l'Institut, relative au magnifique Tombeau érigé
dans la Cathédrale de Tréguier par la souscription que
Monseigneur Bouché, de regrettée mémoire, ouvrit
dans *la Semaine Religieuse* du Diocèse & dans le *Journal
de Tréguier ;* — enfin, un chant historique, sur notre
antique cité.

E. Le F.

Tréguier, 28 Juillet 1866.

SAINT YVES

Origine de saint Yves.

Hélory de Kermartin accompagna Pierre de Dreux à la croisade de saint Louis. Il suivit probablement le Duc après le désastre de La Massoure et assista à ses funérailles. Après avoir rendu les derniers devoirs à leur héroïque souverain les chevaliers bretons rentrèrent dans leurs foyers. C'est à son retour que le seigneur de Kermartin aura épousé la fille de l'un de ses compagnons d'armes, Azou, peut-être Aude du Quenquis, en français du Plessis, de la paroisse de Pommerit-Jaudy.

De ce mariage naquit d'abord une fille, Catherine ; Yves vint ensuite, puis deux autres filles, et enfin un deuxième garçon dont il y a quelques traces dans l'histoire du Bienheureux.

Le manoir de Kermartin, où naquit le glorieux Saint, existait encore il y a un demi-siècle à peine. Après avoir passé par plusieurs mains, à partir du XVe siècle, Kermartin retourna aux Quélen. C'est le pieux archevêque de Paris qui laissa son régisseur rebâtir le manoir de saint Yves, tel que nous le voyons aujourd'hui. Il fit placer au-dessus de la porte d'entrée une plaque de marbre blanc qui apprend aux pèlerins que là naquit et mourut saint Yves de Kermartin. Les dépendances de la ferme, le puits du milieu de la cour et le pigeonnier du grand courtil ont été conservés comme au temps du Bienheureux.

Naissance, Jeunesse, éducation de saint Yves.

C'est en 1253, le 7 Octobre, que naquit au manoir de Kermartin, sur la paroisse de Poulantréguier, de parents catholiques, l'illustre enfant qui devait s'appeler saint Yves.

On connait peu de choses sur les premières années du jeune Yves de Kermartin.

Dès que Yves put marcher, et même longtemps auparavant, sa mère le présenta à l'église de saint Tugdual, puis à N.-D. de Coatcolvézou où elle le consacra à la Vierge.

Yves, que tous les enfants du voisinage aimaient beaucoup, exerçait déjà une sorte d'apostolat parmi ses jeunes camarades. Les chants de l'Eglise, les augustes cérémonies, les riches décorations de l'autel, l'harmonie de l'orgue, le son des cloches, tout cela se grave profondément et ne s'oublie pas. Yves aimait à assister aux belles fêtes de Tréguier, comme aux simples messes qui se disaient à Notre-Dame-de-Coatcolvézou. Le soir, au foyer de Kermartin, il écoutait avec une grande curiosité, mêlée de tristesse, les récits guerriers de son père et des autres chevaliers qui venaient le visiter.

Sa mère lui ayant souvent répété *qu'il fallait vivre de façon à devenir un saint*, cette parole deviendra la règle de sa conduite. Son bonheur était d'assister à la sainte Messe et d'apprendre à la servir. Quand il eût fait sa première communion et reçu la confirmartion des mains de l'évêque de Tréguier, qui était alors Alain de Lézardrieux, sa mère dut lui choisir un autre maître.

Il y avait alors à Pleubian un jeune homme de la famille Hélory, qui touchait au terme de ses humanités. Il s'appelait Jean de Kergoz, du nom de sa terre, et semblait destiné à l'état ecclésiastique dont il portait déjà le saint habit, avec la tonsure cléricale. Il avait étudié sous la direction d'Yves de Troézel, le vénérable recteur de la paroisse. C'est à ce pieux jeune homme que le Seigneur de Kermartin confia l'éducation de son fils. Jean de Kergoz se montra digne d'une si haute confiance. Il fut le compagnon de son saint disciple à Paris et à Orléans.

Yves avait profité de ses leçons au delà de toute espérance, et ses parents résolurent de l'envoyer, avec son précepteur, à Paris, pour assister aux cours de l'Université de cette ville, alors dans tout l'éclat de sa renommée.

Saint Yves à Paris, Orléans, Tours, Rennes.

Yves avait quatorze ans.

A cette époque un voyage à Paris durait plusieurs jours.

Yves, accompagné de son père et de ses amis, prit congé de sa famille, salua une dernière fois le clocher de saint Tugdual, et partit avec ses provisions de ménage et les pieuses recommandations de sa mère : « *Souvenez-vous,* lui dit-elle encore, *de vivre de façon à devenir un Saint.* »

Arrivée à Paris, au commencement d'octobre 1267, la pieuse caravane s'occupa de trouver un logement pour les jeunes étudiants bretons, qui s'installèrent d'abord dans la rue Fouare. Il y avait là beaucoup d'autres étudiants, de la Bretagne, en particulier. Ils mangeaient en commun et chacun pouvait s'y livrer à ses exercices de piété.

Pendant ces longues années d'études à Paris, la grande pensée qu'avait suggérée à Yves sa mère fut la directrice de tous ses pas dans cette ville. Kergoz avait été son compagnon de chambre toute l'année qu'il a habité la rue Fouare ; Yves Suet l'avait connu étudiant, puis expliquant lui-même, comme Maître-ès-arts, les savantes leçons de ses maîtres ; enfin s'appliquant à l'étude des Decrétales, dans la rue du Clos-Bruneau. Raoul de Potarn, de la paroisse de Lanmeur, déclare qu'il était de notoriété parmi ses compatriotes et ceux qui l'avaient connu au cours de Théologie qu'Yves ne couchait jamais dans son lit et donnait aux pauvres toute la portion de viande qui lui était servie.

Pour être plus près des Cours de l'Université, il quitta la

rue Fouare pour s'installer dans la rue de saint Jean-de-Beauvais. Il se montra à Paris tel qu'il avait été en Bretagne, passionné pour l'Etude et plein de ferveur pour les exercices de piété. Déjà il s'était écoulé neuf ans depuis son arrivée Yves avait étudié avec beaucoup d'assiduité et un succès complet. On croit qu' il fut Maître ès-Arts, et quelques auteurs prétendent qu'il avait même enseigné les belles-lettres pendant un certain temps. Il ne chercha pas à devenir célèbre et il s'adonna à l'étude de la Théologie et du Droit-Canon, c'est-à-dire de la science de Dieu et de la connaissance des lois.

Le roi de France ayant cependant désigné la ville d'Orléans, comme spécialement affectée à l'étude du Droit-Canon, les maîtres les plus célèbres y furent envoyés comme professeurs.

C'est en 1277 que le jeune Yves de Kermartin se rendit à Orléans, accompagné de Jean de Kergoz qui ne le quitta jamais. Déjà savant en lettres et en sciences, ses études à Orléans ne diminuèrent en rien la rigueur de ses mortifications. Il y vécut dans la piété et dans l'étude.

Yves devait avoir vingt-neuf ans. Il fut d'abord avocat, puis official, et enfin prêtre et curé.

Il fut l'avocat des pauvres, des veuves, des orphelins ; il plaidait pour eux gratuitement et poursuivait ses appels jusqu'à ce qu'il n'eût gagné leurs causes.

Il rendit comme avocat de très grands services aux riches et surtout aux pauvres. Devenu official et prêtre il continua de plaider à Tours et devant les autres officialités pour les

pauvres et les malheureux auxquels il avait d'avance consacré sa vie.

« Le glorieux ami de Dieu, Monseigneur saint Yves, dit
Alain Bouchard, a voulu cette fonction d'avocat exercer par
pitié et par compassion jusques au temps de son trépas. »

Fatigué de ces courses et des procès qui lui demandaient
un travail continuel, se sentant attiré vers l'état ecclésiastique, Yves profita de l'invitation de l'archidiacre Maurice
pour aller finir son cours de théologie et d'Ecriture-Sainte
chez les religieux Franciscains de Rennes, et l'archidiacre
de Rennes appela, dit l'office d'un vieux Bréviaire, Yves de
Kermartin pour être son chancelier ou porte-scel.

Les tribunaux ecclésiastiques remontaient à Constantin ;
ne pouvant toujours présider son tribunal, l'Evêque se faisait
remplacer par un juge, qu'on nommait Official. Ce juge
devait être prêtre et docteur.

L'archidiacre fut heureux et fier d'avoir trouvé un pareil
chancelier, qui avait conservé, malgré ses hautes fonctions,
ses autérités continuelles. Son lit était un pauvre grabat
formé de quelques morceaux de bois et de copeaux, avec
une poignée de paille, le tout recouvert d'un méchant lam-
beau de toile de chanvre. Yves compléta son cours de Droit
chez les Frères-Mineurs appelés Cordeliers. L'Ecriture-
Sainte qu'il n'avait pas encore étudiée eut pour lui le plus
vif attrait.

Il avait fini ses études théologiques et pénétré le sens intime
des Saintes Ecritures, tout en remplissant avec une grande
fidélité les devoirs de sa charge auprès de l'archidiacre.

Saint Yves dans le Diocèse de Tréguier.

Mais, comme tous les saints, Yves redoutait de franchir le dernier pas de la hiérarchie sacré. Par obéissance pour son évêque, il consentit à recevoir les *ordres* dans la Cathédrale de Tréguier, puis le *sacerdoce* des mains d'Alain de Bruc qui eut toujours pour lui la plus grande estime et la plus grande vénération.

L'ordination d'Yves de Kermartin eut lieu vers l'an 1285.

Alain de Bruc, Evêque de Tréguier, qui connaissait sa haute compétence dans le Droit, en fit aussitôt son Official.

Tout porte à croire que les parents du nouveau prêtre ne vivaient plus.

Le bénéfice de la paroisse de Trédrez fut attribué, suivant la coutume de l'époque, à Yves Hélory de Kermartin. Avec Locquémau, sa trève, elle devait offrir des avantages sérieux, dont profitera le nouveau recteur, pour soulager les malheureux alors si nombreux.

D'une charité immense, il ne pouvait refuser un pauvre et se dépouillait de ses habits pour couvrir leurs membres.

Jamais, dit Yves Catoïc, on ne l'a vu refuser l'aumône. Quand il n'avait plus d'argent, il donnait le pain de sa maison, souvent la fournée tout entière..

Yves retournant de La Roche-Derrien un jour de marché, qui était comme aujourd'hui le vendredi, fit la rencontre d'un pauvre qui paraissait bien malheureux. « Prenez ce pain, lui dit-il en tirant de sa poche un grand morceau de pain qu'il avait acheté aux portes de la ville, prenez ce pain et que Dieu vous bénisse ! » « Que voulez-vous que j'en fasse répondit ce malheureux ? Je vais mourir de froid comme vous le voyez ; je souffre cruellement de la fièvre ; je n'ai pas de vêtement. » Yves n'avait qu'un habit, n'importe ! il s'en dépouille pour couvrir les membres glacés de ce malheureux, puis s'en retourne comme il peut, et envoie Rivoal Le Floc'h, son tailleur, à La Roche, acheter trois aunes de bure, pour lui faire un autre vêtement, qu'il donnera encore, sans doute, au premier pauvre qui se sera présenté.

Yves, titulaire de la paroisse de Trédrez depuis son ordination, y résidait peu de temps, étant retenu presque toujours à Tréguier par ses hautes fonctions et les devoirs de l'officialité qu'il tenait à acquitter avec une scrupuleuse exactitude. Pendant son séjour à Trédrez Yves visita le tombeau de Saint Ronan. En revenant, il passa quelques jours à Quimper et fut invité à prêcher dans la Cathédrale. Il avait un talent extraordinaire pour le ministère de la parole, et prêchait tantôt en breton, tantôt en latin, et même en français.

L'Evêque de Tréguier désirant approcher le saint prêtre, regardé par tous comme la lumière du diocèse, de sa ville épiscopale, le nomma à Louannec, où il fut reçu avec les démonstrations de la joie la plus vive.

Située, comme Trédrez, sur une hauteur qui domine la

rade de Perros-Guirec et le groupe des Sept-Iles, l'église de Louannec embrasse, dans son horizon, un des beaux sites du pays trécorrois. Bâtie dans le style roman en sa partie inférieure elle existait telle que nous la voyons aujourd'hui.

Yves allait souvent de Louannec à Kermartin, distant de trois à quatre lieues. On sait très bien le chemin qu'il suivait, et l'on montre encore les endroits où il s'arrêtait pour prier, prêcher ou confesser les pénitents sur les bords de la route. Il continuait ses austérités à Louannec comme à Trédrez. ainsi que sa très grande charité pour les pauvres qu'il habillait et auxquels il donnait à manger Il portait une soutane, d'un tissu grossier, avec une épitoge d'une étoffe brune.

Sa chemise était de grosse toile d'étoupes, rude comme un cilice de crins ; quand le long usage l'avait rendue trop douce, il la donnait à un pauvre ; sur sa poitrine il portait un véritable cilice qu'il dérobait à tous les regards.

Yves dormait peu ; il passait une grande partie de la nuit à lire ou à étudier, et quand il était vaincu par la fatigue, il appuyait sa tête sur ses livres et dormait dans quelque coin de la chambre, les bras reposés sur la poitrine.

Douze ans avant sa mort, il commença à jeûner au pain et à l'eau, le carême, l'avent et tous les jours commandés par l'église.

La prière le soutenait et jamais il n'omit de réciter dévotement son bréviaire dont quelques débris sont conservés au presbytère de Minihy-Tréguier.

Le pieux recteur de Louannec ne manqua jamais de remplir ses devoirs de pasteur avec un zèle admirable. Il convertit les pécheurs par la vertu de sa parole et attira à Dieu de nombreuses personnes. D'ailleurs, dit son office, il y avait quelque chose de séduisant dans sa personne et lorsqu'on avait fait sa connaissance on ne pouvait plus s'en séparer.

Quand Geffroy de Tournemine, alors Evêque de Tréguier, visitait les paroisses de son diocèse, il se faisait accompagner de Dom Yves, comme on se plaisait à l'appeler.

Quelquefois, partant le matin de Kermartin, il préchait le même jour à la Cathédrale de Tréguier, à Trédarzec et à Pleumeur-Gautier.

Yves résolut, avec l'aide de Dieu, de restaurer la vieille église de Tréguier *fort caduque, petite, bâtie à l'antique, mal percée, obscure et doublée de simples lambris.* Il visita tous les seigneurs, leur tendant la main ; le peuple donna aussi son obole, la communauté de la ville, ses économies, l'évêque, le chapitre, le clergé du Diocèse ouvrirent leurs bourses. En peu de temps les matériaux furent sur place et les ouvriers à leurs chantiers.

C'est à cette occasion qu'eut lieu le prodige de la forêt de Pierre de Rostrenen, où les arbres coupés la veille furent retrouvés intacts le lendemain,

Dernières année de saint Yves, son testament, sa mort.

Le saint recteur de Louannec continuait, au milieu de

fatigues sans nombre, sa vie de mortification et de zèle sacerdotal. La renommée portait au loin les prodiges qu'il opérait, chaqne jour, par ses prières et ses prédications.

Yves pressentait que sa fin approchait, et dans l'ardeur de son zèle il se livrait avec plus de force encore au ministère de la parole et au soin des âmes. Il interrompit cependant un instant ses travaux pour faire son testament et disposer en œuvres pies des biens dont il avait hérité de ses parents. Voici l'abrégé de ce testament :

« Moi, Yves Hélory, je lègue par ce testament à la chapelle que j'ai fondée en l'honneur de Notre Seigneur Jésus-Christ, de sa très sainte Mère, du bienheureux saint Tugdual, son confesseur, avec la maison qui y est contiguë, bâtie par moi, de mon propre bien et de la part d'hétage qui m'est échue de mon père Hélory et de ma mère, située dans les limites du Minihy, autant que me le permettent les usages et coutumes avec l'autorisation d'Alain de Bruc, Evêque de Tréguier, savoir : trente livres à prélever sur les dîmes du Quenquis et les biens échangés, tels qu'ils existent maintenant, pour venir en aide à la dite chapelle et aux prêtres qui la desservent et devront y célébrer l'office divin à perpétuité, avec l'agrément du seigneur évêque. Mes autres biens, s'il s'en trouve après ma mort, ce que je n'espère guère, à part quelques livres dont je me sers pour les fidèles, je les lègue encore aux prêtres qui desserviront ma chapelle et devront y résider continuellement. Que Dieu me soit en aide et accorde la vie éternelle à mes successeurs Ainsi soit-il. — Fait le vendredi après la fête de saint Pierre-aux-liens, l'an mil deux

vent quatre-vingt-dix-sept. »

C'est peut-être aussi le moment de répondre à une demande que l'on se fait souvent en visitant l'église paroissiale de Minihy-Tréguier ; à savoir si c'est la chapelle bâtie par saint Yves et dont il est parlé dans son testament ; si ce n'est pas l'église actuelle, où était donc cette chapelle primitive, avec la maison contiguë? Nous croyions avoir trouvé dans cette construction tous les caractères des monuments du xiiie siècle : fenêtres assez élancées, magnifique chevet avec une belle verrière, le tout ressemblant à une chapelle absidale d'une église non achevée, qu'un bon recteur a terminée au commencement de ce siècle, par une tour en plein cintre avec une flèche ogivale, qui semble avoir été prise à une construction bien antérieure. Les archéologues ont cru devoir la classer parmi les monuments du xve siècle.

Une avenue de hautes futaies faisait communiquer cette chapelle avec le manoir de Kermartin, et la maison contiguë a été remplacée au xvie siècle par la belle construction qui n'en est séparée que par le chemin, et qu'on appelle toujours la maison du Chapelain, *ty ar Chapalan.* Elle est précédée d'une cour spacieuse où l'on entre par deux portes en ogives, l'une pour les voitures et l'autre pour les piétons. Quatre tourelles la flanquaient aux quatre angles, et l'une d'elles donnait entrée sur le grand courtil, où l'on voit toujours le pigeonnier, avec le chemin de la fontaine, une des plus belles sources du pays.

Au côté nord de la chapelle et presque au chevet, on distingue les armes de Coëtquis ; aux clefs de voûtes, quatre autres écussons, dont deux entièrement frustes. Les deux autres sont de Lantillac et de Traouwas. En 1601, Guillaume du Halgouët (1), alors évêque, en fit le recolement que nous avons donné plus haut et qui a été fourni grâcieusement à Monsieur l'abbé France par le propriétaire actuel, M. Le Guillerm.

Depuis la fondation de sa chapellenie, Yves venait encore plus souvent à Kermartin. Il avait présidé à la construction de la chapelle et maintenant il voulait s'assurer par lui-même de tous les détails du service religieux. Il l'avait dédiée à la sainte Vierge, en souvenir de sa consécration à cette bonne Mère, dans l'église de Notre-Dame-de Coatcolvézou. Trois jours avant sa mort, il y dit sa dernière messe, car, par une faveur spéciale, Dieu lui avait révélé ce jour, quelques semaines auparavant.

La semaine où il mourut, bien que son corps fut broyé par la douleur et la maladie, il ne cessa pas de célébrer la messe ni d'entendre les confessions. Il continua même ses prédications comme à l'ordinaire, et le mercredi, nous dit le P. Maurice Geffroy, il célébra avec une ferveur et une plus grande dévotion encore sa dernière messe, dans sa chapelle de Kermartin. Pendant le Saint-Sacrifice, il versa des larmes abondantes et fit entendre des soupirs et des gémissements qui durèrent longtemps. Il était si faible qu'il fallut lui aider à revêtir les ornements de la messe, le soutenir à l'autel et empêcher ses bras de tomber pendant l'élévation de l'hostie et du calice. Cet affaissement extrême

---

(1) Le tombeau de Monseigneur du Halgouët, évêque de Tréguier, se trouve en la chapelle de Saint-Gonéry, en Plougrescant.

ne l'empêcha pas d'aller aussitôt après la messe confesser les quelques personnes qui sollicitaient de lui cette grâce extrême.

Le jeudi, ne pouvant plus ni célébrer ni tenir debout ou assis, Yves se coucha sur son pauvre grabat et força longtemps ses lèvres défaillantes à prononcer les prières qui lui étaient habituelles. Bien plus, à mesure que ses membres s'affaiblissaient, il semblait que son esprit, se dégageant peu à peu de sa prison, avait des élans de ferveur plus forts et plus touchants. Il montrait le ciel à ceux qui l'assistaient dans ses souffrances, les consolait par ses paroles édifiantes, et leur prêchait encore le royaume de Dieu. L'Evêque de Tréguier, Mgr Geffroy de Tournemine, s'empressa d'aller bénir le pieux mourant. Quelques membres de l'officialité et des chanoines de la cathédrale vinrent aussi le visiter, et firent tous leurs efforts pour le décider à laisser mettre un peu de paille, au moins, dans son lit et sur la pierre où reposait sa tête. « Non, leur répondit-il, je ne mérite pas cet adoucissement, et j'ai tout ce qu'il me faut. » Les mains jointes, et les yeux fixés sur un crucifix peint sur le mur, il continua ainsi de prier avec la plus grande ferveur.

Le lendemain, ses paroissiens et ses amis ayant appris que leur bon pasteur n'avait plus que quelques instants à vivre, accouraient en foule pour le voir une dernière fois, en faisant entendre partout leurs cris de désolation. Cette démarche le toucha vivement, mais il leur fit dire de ne pas se donner la peine de venir; bien plus, de se consoler parce qu'il était dans l'état où il voulait être depuis longtemps, et qu'il avait demandé au bon Dieu de mourir !

Le samedi, à l'approche de la nuit, se sentant de plus en plus défaillir, le saint prêtre se confessa à Geffroy de Lanno, recteur de La Roche-Derrien, et supplia de ne pas tarder davantage à lui donner la communion du corps de son Sauveur. Après avoir reçu le Saint-Viatique avec la piété la plus édifiante, il demanda aussi à recevoir l'Extrême-Onction. Ce dernier sacrement, qui console et purifie, lui fut administré par Hamon Gorrec, vicaire de Tréguier, en présence de l'officialité, des chanoines et des prêtres de la ville, aussi bien que d'un nombre considérable de fidèles accourus de tous les côtés. Il répondit aux psaumes et à toutes les prières liturgiques avec une touchante dévotion, sans perdre de vue un instant le crucifix placé en face de son lit. Après la dernière onction, il perdit la parole, mais les lèvres baisaient toujours amoureusement la croix, et il en fit le signe plusieurs fois sur lui-même durant la nuit. Qnand le jour commença à poindre, Yves tourna ses regards vers le ciel et rendit son âme à Dieu à l'âge de cinquante ans. C'était le Dimanche dans l'octave de l'Ascension, le 19 Mai 1303, jour désormais célèbre et cher aux Bretons. La mort, en frappant le saint pasteur, n'avait pas laissé son empreinte sur ses traits vénérés. Sa figure était radieuse, on aurait pu douter de la mort, tant son visage semblait sourire.

Ce ne fut qu'un cri de douleur dans tout le pays quand on apprit cette fatale nouvelle. On se répétait à travers les sanglots : *Dom Yves est mort ! C'est un Saint ! Oui un Saint !*

Pendant les deux jours que le corps du Bienheureux fut

exposé, le manoir de Kermartin ne désemplit pas un instant.

Yves aurait voulu être enterré près de sa chapelle, dans le tombeau de ses parents; mais l'Evêque donna ordre de lui préparer une tombe dans sa Cathédrale. Le lieu de sa sépulture dut être un de ces enfeus creusés dans les murs de nos vieilles églises. Ce mur ayant été détruit par le Duc Jean V, pour la construction de sa chapelle, le tombeau du Saint aura été reculé jusqu'au milieu de la nef latérale où Mgr Bouché, Evêque de Saint-Brieuc et Tréguier, successeur de Geffroy de Tournemine, lui a érigé un superbe monument.

La gravure de ce monument est faite d'après une photographie de M. C. Soisbault, de Tréguier.

Funérailles de saint Yves. — Miracles sur son tombeau.

Tous les chemins qui menaient à Kermartin se couvrirent bientôt d'une foule immense ; tous voulaient assister à l'enterrement du saint prêtre. C'est à peine si le cortège pouvait avancer ; il fallait s'arrêter à chaque instant pour laisser les fidèles toucher le cercueil et donner cours à leurs sanglots. L'Evêque, entouré de son clergé et d'une foule de seigneurs, vint recevoir le corps à la porte de la Cathédrale, et, après la cérémonie funèbre, souvent interrompue par les cris de douleur, l'humble prêtre fut déposé dans ce sépulcre, que tant de prodiges devaient bientôt rendre si glorieux.

Le silence ne se fit pas longtemps autour de ce tombeau. Avant la fin de l'octave, le chevalier Alain de Keraurais, passant par la Cathédrale, aperçut un jeune homme couché sur la tombe du bon curé.

— Que faites-vous là dans cette posture, lui demande le chevalier ?

— Seigneur, répondit-il, je remercie le saint prêtre qu'on a enterré ici il y a sept jours. J'étais aveugle et il m'a rendu la vue.

Ce jeune homme était du village de Coat-ar-groas, en la paroisse de Langoat. Il s'appelait Guyon, fils de Hamon ou Omnès.

Un autre aveugle de Rocamadour fut complètement guéri.

Even, fils de Eude Donval, de la paroisse de Plounévez

atteste, sur la foi du serment, qu'à l'âge de dix ans environ, se trouvant près du moulin des Moines de Bégard, il fut accroché par la roue et entraîné sous le tournant. Une femme qui était là par hasard le voua à saint Yves. Aussitôt le moulin s'arrêta par miracle. On retira le pauvre enfant qui avait une horrible blessure à la tête et l'œil arraché de son orbite. Le vœu fut renouvelé et Even fut immédiatement guéri, sans qu'il restât d'autre trace qu'une petite lésion au front.

Un jour on apporte sur la tombe du saint un enfant qu'un cheval a tué raide. La Grand'Messe commençait à la Cathédrale. Au dernier Evangile, la foule, qui était immense, crie à plusieurs reprises : *Saint Yves ! Saint Yves !* Aussitôt l'enfant ouvre les yeux. Il se lève et ne ressent aucun mal.

On compte jusqu'à quatorze morts ressuscités par saint Yves.

Il serait trop long, eu égard à notre cadre restreint, d'entrer dans le détail de toutes les guérisons obtenues ; tous les nombreux miracles opérés sur le tombeau de saint Yves sont consignés dans le procès de canonisation.

Enquête pour la Canonisation de saint Yves.

Les Commissaires nommés par le Souverain Pontife Jean XXII pour examiner la cause du Bienheureux Yves de Kermartin furent nombreux. Le 23e jour de juin, ils jurèrent, par l'organe du vénérable abbé de Sainte-Croix, seul enquêteur du diocèse de Tréguier, les mains levées vers la Cathédrale de Tréguier que *Yves Hélory avait été bon et fidèle catholique, homme d'une grande vertu, que, pendant sa vie et après sa mort, Dieu avait par son intercession opéré les plus grands miracles.*

Cette première enquête fut achevée le 4 Août 1330.

Il se présenta, après les premiers témoins, plus de cinq cents autres de toutes les parties de la Bretagne et de différentes provinces de la France.

La cause du saint prêtre marchait à grands pas quand le Pape Jean xxii, qui l'avait entreprise, vint à mourir.

La guerre était en Bretagne et divisait de plus en plus les esprits Les Anglais avaient ravagé Tréguier, mais ils avaient respecté le tombeau de saint Yves.

Un consistoire fut convoqué par le Pape Clément VI qui venait de succéder à Benoît XII, à Avignon, pour le 19 Mai de l'année 1347.

Voici le Jugement du Souverain Pontife :

« Au nom et par l'autorité de Dieu, des saints Apôtres Pierre et Paul et la Nôtre, de l'avis unanime de nos frères, Nous, Clément, Evêque, serviteur des serviteurs de Dieu, Décrétons et Ordonnons, que Dom Yves, fils d'Hélory, de bonne mémoire, jadis prêtre du diocèse de Tréguier et avocat des pauvres, soit inscrit au catalogue des saints et honoré comme tel par tout le monde ; que sa fête soit célébrée tous les ans par l'Eglise universelle le 19e jour de Mai qui est le jour de sa mort, et qu'on fasse son office avec solennité comme d'un confesseur non pontife.

Cette bulle fut envoyée à Tréguier et reçue avec une explosion de joie facile à comprendre.

Culte de saint Yves en Bretagne.

Jean V, petit fils de Jean de Montfort, consacra sa vie à réparer les maux infinis que l'interminable guerre de succession avait faits à la Bretagne, il doit être compté parmi les plus dévots à saint Yves. Fait captif il fit vœu de donner à saint Yves son pesant d'argent, destiné à lui édifier un tombeau.

Pour exécuter ce vœu, Jean V entreprit, immédiatement après sa délivrance, la construction de cette magnifique chapelle, que l'on admire, entre toutes, à la Cathédrale de Tréguier, connue sous le nom de la *Chapelle du Duc* et qui devait abriter à la fois les reliques de saint Yves et les restes du prince lui-même Le vœu du pieux Duc représentait un poids d'argent de trois cent quatre-vingt marcs, ce qui valait plus de vingt mille livres de notre monnaie, et ne fut exécuté que vers 1420. L'entrepreneur s'appelait Jacques de Hong·ie.

Le splendide cénotaphe dura près de cinq ans à construire et ne fut terminé qu'en 1426. C'était, dit Dom Lobineau, un cercueil en pierre blanche, fine et polie comme du marbre. Sur les faces on avait sculpté avec infiniment d'art les victoires de Jean IV le Conquérant. Sur le cercueil, la statue du Saint dormait couchée. Le tout était couronné d'un dôme de la même pierre blanche, d'une exquise architecture, porté par de sveltes et élégantes colonnettes et était rehaussé d'ornements en argent doré d'une très grande richesse ; c'est ce qui tenta sans doute la rapacité du bataillon du district d'Etampes envoyé en 1794 pour réprimer les tendances d'*incivisme* dont les habitants de Tréguier s'étaient rendus coupables aux yeux de la Convention. En peu d'heures les hommes de ce bataillon ruinèrent tout : les autels magnifiques, le *mausolée de saint Yves*, l'avocat des pauvres, l'ami du peuple, le bienfaiteur de tous, le protecteur de la ville. L'orgue, pièce de toute beauté, les statues, les tableaux, tout fut brûlé ou brisé.

Les reliques du Saint purent être dérobées à ces mains impies.

Enfin, après cet orage épouvantable, Dieu fit luire encore sur notre pays dévasté quelques jours sereins.

Monseigneur De Quélen, pour réparer les outrages faits à saint Yves, fit confectionner à Paris un très beau reliquaire en bronze doré. Monsieur l'abbé Tresvaux, qui, comme Monseigneur De Quélen, avait été vicaire à Tréguier, devenu Chanoine de la métropole de Paris, a fait élever, à ses frais, un sarcophage en terre cuite, bien modeste, sans doute, mais précieux hommage aussi de sa piété pour saint Yves.

Le successeur de Charles de Blois sur le trône ducal, Jean v, fils du Conquérant, ne se montra pas moins dévot à saint Yves que les autres princes de sa famille. Fait prisonnier à Chantonceaux, par la trahison de Penthièvre, il se vit traîné de prison en prison. Le pauvre captif songea au bienheureux Yves de Kermartin que l'Eglise venait de placer solennellement sur ses autels. Il promit donc, entre autres choses, son pesant d'argent au tombeau du Saint, s'il était délivré avant la fin de l'année, et sa demande ayant été exaucée, il accomplit loyalement son vœu. Il fallut plus de trois cent vingt marcs d'argent pour équilibrer son poids, ce qui représentait une somme de vingt mille livres. Pour finir cette œuvre admirable, le duc fut encore obligé d'ajouter deux cents marcs d'argent et un marc d'or.

Jean mourut deux ans après, en son manoir de La Touche, près Nantes. Son cœur est resté dans la Cathédrale de cette ville, et son corps, après neuf ans de procès, a été rendu à sa chapelle de Tréguier, et placé près du tombeau de saint Yves.

Lors de la tourmente révolutionnaire, sa tombe fut fouillée et profanée comme toutes celles de la Cathédrale. Saint Vincent Ferrier, dans le cours de ses missions, voulut lui-même prier sur le tombeau de saint Yves, en 1418. Charles, duc de Berri, frère de Louis xi. roi de France, vint aussi en pèlerinage au tombeau du saint, et quelque temps après Henri Tudor, qui régna plus tard en Angleterre, sous le nom de Henri viii.

Anne, la nouvelle duchesse, qui avait remplacé son frère sur le trône de Bretagne, renouvela envers saint Yves la dévotion héréditaire dans sa famille. Le P. Julien Maunoir, qui en 1656, donna une première mission à Tréguier, commença ses exercices spirituels sur le tombeau de saint Yves.

Mgr Balthasar Grangier, Evêque de Tréguier, avait une grande dévotion pour l'humble curé qui reposait dans sa Cathédrale.

Les autres Evêques de Tréguier se sont tour à tour agenouillés sur ces dalles, et Monseigneur Bouché, le restaurateur du tombeau de saint Yves, a montré, autant et plus peut-être que ceux qui l'ont précédé, combien fut grand son amour pour l'humble curé qui jette, sur la plus belle partie de son diocèse, les reflets de sa sainteté et de ses éclatantes vertus.

Tombeau de saint Yves.

Le tombeau de saint Yves consiste en un sarcophage surmonté d'un édicule dans le style fleuri du xve siècle. Sur le sarcophage est couchée la statue du Saint, dans le costume que nous fait connaître Alain Bouchart ; la figure est à la fois ascétique et tendre ; le bonnet de docteur, invention du xvie siècle, est supprimé. Autour du sarcophage la famille de saint Yves est représentée par son père, Haëlori de Kermartin, et dame Azou, sa mère, puis une sœur, Catherine, la seule dont l'histoire ait conservé le nom ; — comme pauvres, on a choisi les figures poétiques du ménestrel Riwallon et de sa femme Cathonada, dont la touchante histoire a inspiré de si beaux vers à M. Tiercelin dans *Les Jongleurs de Kermartin* ; — les miraculés sont là, sous la figure d'une jeune fille qui força la main au bienheureux par sa constance ; — le duc Jean V, édificateur du premier Tombeau, payé de son pesant d'argent ;

— Monseigneur Bouché, restaurateur de saint Yves.

Aux piliers de l'édicule, l'Eglise universelle est représentée par la sainte Vierge et le Bon Pasteur ; l'Eglise de Bretagne par les fondateurs de ses neuf Evêchés, et cinq autres Saints, que l'on a choisis après un minutieux et embarrassant classement de gloire. Les attributs qui diversifient les neuf figures d'Evêques sont aussi expliqués : l'clou de St Clair, les loups de St-Brieuc, la clochette de saint Paul, le poisson de saint Corentin, l'église de saint Paterne, la nef de saint Malo, le lion de saint Samson, la tour brisée de saint Melaine. Tous ces attributs ont été empruntés à l'histoire ou du moins aux traditions les plus respectables, et choisis de telle sorte qu'ils pussent prendre une forme sculpturale digne du monument. Quant aux cinq autres Saints de Bretagne, Monsieur de La Borderie rappelle seulement saint Donatien et saint Rogatien, martyrs des grandes persécutions, et saint Gildas,

M. Valentin est l'auteur de la statue de saint Yves et des deux statues d'anges en marbre blanc, placées sur la table supérieure du sarcophage, et en outre des sept statuettes qui garnissent les faces ouest et nord de ce sarcophage.

Les sept statuettes garnissant les faces est et sud du sarcophage, les quatorze statues de saints bretons placées au droit des pilastres de l'édicule entourant le sarcophage, les statues du Bon Pasteur et de la Vierge à l'oiseau, et enfin celles des six anges formant le couronnement de cet édicule, sont l'œuvre de M. Hiolin, professeur de sculpture aux Ecoles municipales de Paris.

Les quatorze personnages de l'histoire de saint Yves sculptés sur les quatre faces latérales du sarcophage, les quatorze saints bretons dont les statues décorent les pilastres, ont tous été désignés, ainsi que leurs attributs, par M. Arthur de La Borderie qui, sur la demande de Mgr Bouché, et avant le commencement des travaux, avait publié, en 1885, une note sur le *Rétablissement du tombeau de saint Yves*.

La sculpture d'ornement a été entreprise et dirigée par M. Tournier, directeur de la sculpture d'ornement de l'église du Sacré-Cœur, à Paris.

M. Yves Hernot, sculpteur à Lannion, a exécuté les degrés en granit du monument, le socle et la table supérieure du sarcophage, en granit poli.

Pour le reste de la maçonnerie, les entrepreneurs ont été MM. Mozet et Delalonde ; les exécutants, MM. Rouyère et Frétaud.

Les degrés du monument sont en granit bleu ; les tables supérieure et inférieure du sarcophage, en granit poli ; les statues placées sur la table supérieure, en marbre blanc. Tout le reste du monument est fait d'une pierre calcaire de couleur blanche et de grain serré.

Saint Yves

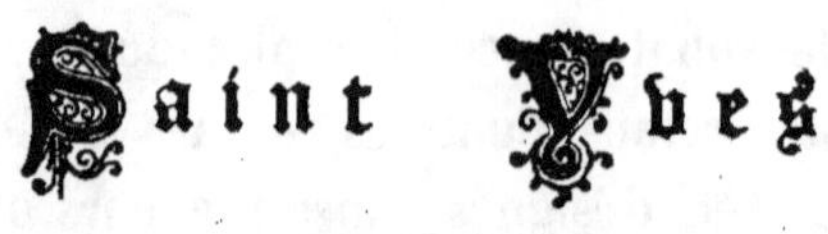

A Sa Grandeur Mgr FALLIÈRES,
Evêque de Saint-Brieuc et Tréguier.

I.

C'est fête dans les cieux et fête sur la terre,
Le Pape d'Avignon Clément Six a parlé,
Au rang du Bienheureux Yves est appelé
Et l'allégresse éclate en la Bretagne entière !

Parmi tant de cités, ô Tréguier, sois fière !
Car tu vois s'élever son tombeau ciselé.
Son corps t'est confié ! L'esprit s'est envolé
Mais plane désormais sur ton vieux sanctuaire.

Et de son trône d'or au séjour des Élus,
Yves peut contempler à ses pieds confondus
Les humbles et les grands, les hommes d'Armorique

Mêlés aux gens de France et ceux du monde entier,
Tous, dans le même élan d'une foi magnifique,
Le bénir en leur joie, en leurs maux le prier !

II.

O tombeau qu'entouraient les respects séculaires,
Où la foule accourait, que Ferrier visitait,
Lieu de pèlerinage autour duquel flottait,
Comme un grand vol d'esprits, un essaim de prières !

Il est venu ce jour de haine et de colères,
Jour à jamais maudit que chacun redoutait !
Et sur toi, sacrilège, une main s'abattait
Pour briser ta statue et desceller tes pierres !

O profanation du plus saint des sommeils !
Cette nuit sera-t-elle, ô Seigneur, sans réveils ?
Verrons-nous ce lieu saint sous les herbes sauvages,

La ronce et le lichen, un jour enseveli ?
Non ! Seigneur, nous croyons qu'en dépit des orages
Et du temps, tu sauras le garder de l'oubli !

III.

Vous avez recueilli l'héritage pieux
De Celui qu'on nommait « l'Evêque de Saint Yves »,
Et voici qu'une race aux croyances naïves,
Fidèle à son passé sans tache et glorieux,

Pour aujourd'bui fait trève à ses chansons plaintives !
Elle entonne pour vous un cantique joyeux,
Et les clochers à jour lancent à travers cieux
Des carillons plus gais aux cadences plus vives !

Qui donc fait frissonner ainsi le sol Breton,
Et pourquoi tant de joie au pays de Léon,
Aux terres de Tréguier, de Vannes, de Cornouailles ?

G'est Vous, Evocateur des âges disparus,
Qu'on fête ? Assez longtemps ont germé les semailles,
Vous récoltez enfin la moisson des Elus !

TRÉGUIER

(Chant Historique)

I.

UNE GRANDEUR DÉCHUE

O ma vieille cité ; reine découronnée :
De tes atours flétris toujours environnée :
Cité de Tugdual, depuis treize cents ans,
Fondée au sol breton, au joint de deux courants : (1)
Salut à toi, Tréguier, triste et belle héroïne,
Belle de ta grandeur, — triste de ta ruine !...
Ville au blason d'*azur, aux trois fleurs de lys d'or,*
Qui, dans ta pauvreté, sembles règner encor :
Assise mollement sur ta verte colline
Tu jettes sur la mer un œil qui la domine ;
Ou, du haut de la tour, à l'ombre de la croix,
Tu regardes passer les peuples et les rois,
Les siècles et les flots, qui se perdent ensemble
Sur la mer qui dévore et sur le sol qui tremble...—
Mais dis-moi, *Lantreger*, à la superbe tour ;

(1) Le Jaudy et le Guindy.

Si déserte aujourd'hui, si florissante un jour ;
Lorsque ton front pliait sous le poids de la mitre,
Et que tu t'asseyais au sein de ton chapitre,
Qui, de Kôz-Geodet, cité du temps ancien,
Détruite il est mille ans, par Haston Le Danien,
Vint porter dans tes murs, que le Seigneur protège,
L'évêque vénéré, suivi de son cortège ;
Lorsque tu commandais à tes cent neuf clochers ;
Lorsque le criminel, en bravant les archers,
A l'abri, dans tes murs, inviolable asile,
Bénissait ta puissance et s'endormait tranquille ;
Lorsque ton comte-évêque, en étendant la main,
Disait au fier baron, trop souvent inhumain :
« Tu n'iras pas plus loin ; le faible est sous ma garde !
« Tremble à ton tour sous l'œil du Dieu qui te regarde ;
« Et sache qu'ici même où ton pouvoir s'éteint,
« Si cet homme est coupable, un châtiment l'atteint,
« Mais s'il est repentant, la Divine Clémence
« Donnera le Pardon, après la Pénitence ! »
Lorsque les plus grands noms du sol armoricain
Etaient fiers d'obéir à ton nom souverain.....
Non, non, ma pauvre reine.... oh, tu n'y pensais pas ! —
Et voilà le néant des choses d'ici-bas. —
Ta force, ta splendeur, ta suprême puissance,
Ton renom, ton éclat, toute ton opulence ;
Tes droits, ton privilége et tes titres pompeux ;
Jusqu'aux noms oubliés de tes nobles aïeux :
Tout a croûlé, péri dans un moment funeste...

Tout ! ! !. — Mais console-toi, Tréguier : ta Foi te reste,
Ta Foi vive.... et l'amour de tes pieux enfant :
Ces deux beaux sentiments sont toujours triomphants,
Et ne périront pas ! Le Dieu qui les inspire,
Jusqu'à la fin des temps en soutiendra l'empire.
Tes enfants, mon pays, t'ont fait un beau renom,
Et la postérité répètera leur nom :
Oui, tes fils furent grands, ma noble et bonne ville,
Dans les camps, sur la mer, à leur foyer tranquille.
Joseph. Ange Raoul frères, vaillants marins,
Des flots et des combats bravèrent les destins,
Et gagnant les honneurs à force de victoires,
A leur sol bien-aimé consacrèrent leurs gloires ;
Clément de Ris, le noble et valeureux soldat,
Fier de vouer sa vie au salut de l'Etat,
Sur tous les champs d'honneur de l'Europe conquise
Acheta de son sang sa gloire bien acquise :
Epargnant l'ennemi, ce généreux Breton
A tous ceux qu'il vainquit accorda le pardon :
Frappé d'un coup de feu, blessé d'un coup de lance,
Parti simple soldat, il revint Pair de France ! —
Mais ne se bornant pas à l'honneur des combats,
D'une autre lutte ardue affrontant les débats
Un de tes fils encor, Bois-Boissel, le poëte,
Des lauriers d'Apollon voulut ceindre sa tête ;
Sur des mètres divers il modula ses chants ;
Ils furent tour-à-tour joyeux, tristes, touchants,
Mais toujours chastes, purs, dignes de la patrie... —

La muse d'un breton ne s'est jamais flétrie ! !..
Dites-le, Turquety, Brizeux, Pitre, Doré ;
Et toi, Châteaubriand, notre chef vénéré ;
Grand poëte chrétien, maitre de l'éloquence ;
Qui, du haut de ton roc, veilles sur notre France ;
Dites-nous si *Gwesnou, Saint-Sulio, Taliezin,*
Dites si saint *Gildas, Aneurin* et *Merzin,*
Ces bardes primitifs de la Bretagne antique,
Pieux conservateurs de la langue celtique,
Qui, dans leurs vers naïfs, d'une foi vive empreints,
Louèrent le Seigneur, la Vierge et tous les Saints :
Dites si *Le Noblets* et *Maunoir,* son disciple,
Qui formèrent plus tard le second glorieux Cycle,
Pourraient désavouer vos accents inspirés
Qui chantant le pays, du pays admirés,
Vivront comme leurs chants, dans le lointain des âges,
Reflet du sol natal sur les autres rivages ! ! ! —
— De Rosmar, Le Brouster (1), dignes fils de Trécor,
Vos utiles travaux, on les consulte encor. —
Dame de Kéralio, vos Poëmes, vos Fables,
Seront longtemps encor des lectures aimables ;
Et *les Succès d'un Fat* d'excellentes leçons,
Pour les *gandins,* ce fruit de toutes les saisons !.......

. . . .

— Mais arrêtons ici cette esquisse rapide,

---

(1) M. l'abbé Le Brouster, mort en 1847, âgé de 54 ans, était né à
Pleumeur-Gautier. Elève du Petit Séminaire de Tréguier, il y professa
avec distinction la Septième, la Sixième et la Cinquième. Ses ouvrages
classiques (23 vol, in-18) sont grandement et justement appréciés.

Et laissons aux savants à combler plus d'un vide :
Le pauvre *vieux Chrétien* n'a que son bon vouloir.....
Et, par malheur, pour lui *vouloir* n'est pas *pouvoir* !!. —

II.

UNE SPLENDEUR DURABLE

Cinq siècles ont passé depuis que la conquête
Causa de *Lantreger* la ruine complète :
Les Anglais de Montfort avaient tout dévasté ;
Mais d'Yves le tombeau fut par eux respecté. — (1)
Quel est donc le pouvoir de ces frêles reliques,
Qui brave des combats les usages iniques,
Et qui dit au vainqueur ivre de sang et d'or :
« Ne touche pas ces os !.... Ces os sont un trésor !.. »
Ce mortel quel est-il, dont les restes d'argile, —
Chose, pour les vivants, si méprisable et vile ; —
Inspirent à l'Anglais un si profond respect,
Qu'il tremble, se découvre et prie à leur aspect ?... —
Cet homme, Confesseur de la Foi catholique,
Qui depuis six cents ans dort dans ta Basilique,
O ma vieille *Trécor*, c'est Yves Hélori,
Le grand Saint des Bretons, sur tes rives nourri. —
— Trente ans plus tard, Clisson voulut porter la guerre
Sur le sol ennemi de la fière Angleterre : (2)

---

(1) En 1346.
(2) En 1374.

Il fit à *Lantreger*, construire une cité
Comptant trois mille pas, toute en bois démonté,
Qui devait l'abriter ainsi que son armée
Lorsqu'elle descendrait en Angleterre armée.
Ses vaisseaux, ses guerriers au formidable aspect
Inspirèrent partout la crainte et le respect ;
Et voyant cette flotte à l'immense étendue,
Les assistants disaient : l'Angleterre est perdue ! !.. —
Mais Dieu se souvenait.... et son saint favori,
L'avocat de Tréguier, saint Yves Hélori
Priait pour les Anglais qui, domptant leur nature,
N'avaient point profané sa sainte sépulture.
Le bien, fait devant Dieu, ne fut jamais perdu :
Comme vous aurez fait il vous sera rendu.
Dieu veut !.. — La mer rugit ; le vent souffle ; il secoue
La flotte qui s'égare.,. et l'entreprise échoue. —
Saint Yves est pour toi, ma ville, une splendeur
Dont les siècles ne font qu'augmenter la grandeur ;
Et lorsque Dieu voulut, pour que ton nom s'épande ;
Qu'il naquit à ta porte, Il dit : « Tu seras grande ! »
Hélori vit le jour aux murs de Kermartin (1)
Murs qu'en diverses mains fit passer le destin. —
A défendre le pauvre, il employa sa vie,
Ton saint enfant, Tréguier, que le monde t'envie,
Fut recteur de *Trédrez*, plus tard de *Louannec*, —
Trédrez est en Plestin ; l'autre en Perros-Guirec.

---

(1) Commune du Minihy-Tréguier, à 2 kilomètres de là ville ; le 17
Octobre 1253.

Il vécut cinquante ans sur cette triste terre ;
Ami de tous les bons, au mal il fit la guerre :
Et lorsque sa belle âme à Dieu s'en retourna
Le deuil d'un peuple entier là-haut la couronna.
On vit alors au monde une chose insolite :
Clément Six d'un tel saint admirant le mérite
Voulut qu'auprès des Saints il put avoir accès,
A quarante-quatre ans du jour de son décès ;
Et le démon n'eut pas dans cette circonstance
Un avocat *chargeant* celui de l'indigence !... —
Depuis cet heureux jour si glorieux pour toi,
Tréguier, le saint patron de tous les gens de loi
Est Yves Hélori, le grand saint de Bretagne ;
Et tu peux contempler du haut de ta montagne
Les nombreux pèlerins qui viennent sous la nef,
Mon temple de granit, prier devant son Chef :
Ce Chef, sainte relique, à jamais respectée,
Que les Nortmanns, l'Anglais, la ligue redoutée,
Et l'époque exécrable, — après quatre-vingt neuf, —
Où Dieu, pour nous punir laissa son autel veuf.....
N'osèrent profaner de leurs mains perverties,
Qui n'avaient même pas épargné les Hosties ! ! !
Relique que le feu lui-même ménagea,
Lorsque — il est deux cents ans, — l'église il ravagea,
Et que titres, trésors, bannières, oriflammes,
Furent perdus avec la sacristie en flammes ! — (1)

____

(1) Cet incendie, dont la cause et l'auteur sont restés inconnus, eut
lieu en 1632.

Mais d'une autre splendeur, dans ce temps féodal,
Dieu.voulut t'honorer, cité de Tugdual.
Sous le portail cintré de notre cathédrale,
Dont Richard du Perrier, de sa main pastorale
Posa le premier bloc sur le temple abattu ; (1)
Un jour Charles de Blois, en pénitent vêtu,
Passa dévotement nu-pieds et tête nue,
Cette humaine Grandeur était ainsi venue
Pour accomplir la vœu qu'elle avait fait à Dieu
D'aller remercier saint YVES en ce lieu.
Lorsqu'à La Roche il fut fait prisonnier de guerre :
Charles s'agenouilla devant la riche pierre
Dont Jean-cinq notre Duc fit faire un monument
Pour lequel il donna tout son pesant d'argent,
Et voulut, à ses pieds, dans l'auguste chapelle,
Que l'on vint déposer sa dépouille mortelle. —
Suspend ici, *Trécor*, des regrets superflus :
Tous ces nobles enfeux ne se retrouvent plus !...
Le Temps, ce vieux Saturne, affreux dieu de La Fable
Qui dévore ses fils, avide, insatiable ;
Le Temps a lentement rongé, mis en lambeaux
Ces beaux marbres sculptés, ces urnes, ces tombeaux,
Effaçant jusqu'aux noms de ces guerriers superbes,
Ou les enfouissant sous la mousse et les herbes !
Princes, ducs couronnés, où sont vos écussons ?
Que sont donc devenus vos orgueilleux blasons ?

------

(1) En 1339 l'évêque Duperrier posa, à la place de la vieille Cathédrale la première pierre du temple actuel.

Vos estocs flamboyanls, vos lames aiguisées,
Qui les a donc rouillés ? Qui les a donc brisés ?.. (1)
Un vieillard bien caduc ; mais qui survit à tout ,
Que des siècles sans fin trouvent toujours debout :
Un ministre de Dieu, sans renom et sans gloire ;
Qui détruit sans combat, triomphe sans victoire :
Qui, marchant sur vos pas, semble vous échapper ;
Qui partout vous atteint, vous brise sans frapper ! !.. —

. . . .

. . . .

Mais, au coup de minuit, sous tes arcades sombres,
Mon église, on doit voir surgir de grandes ombres
Qui reviennent chercher leur couche de granit
Dans ce lieu consacré que le prêtre bénit.
Jean-trois, dit le *Bon duc*, y cherche en vain sa pierre,
Jean-cinq soupire et dit : « Neuf ans Nantes feit guerre
« Pour *contendre* à Trecor l'honneur de mon *tombel ;*
« Et nia mon *vouloir* d'y *veir* mon corps mortel
« *Illec quiescer* en paix, aux pieds du corps saint Yves.
« *Ce n'estoit l'ochaison* que de *tant* bien me prives,

(1) Dans le beau Cloître, édifié sur l'emplacement de celui dont il est parlé dans les actes de la canonisation de St. Yves, et dont l'évêque Jean de *Coëtkis* posa la première pierre en 1461, on voit encore quatre tombeaux sans noms, sans armoiries et sans date. On les suppose du xive et xve siècles : ils étaient autrefois placés dans l'église. Deux de ces tombeaux portent l'effigie de deux ecclésiastiques ; sur les deux autres sont représentés deux guerriers. — aujourd'hui ces statues sont placées dans les enfeux de la Cathédrale. — Ce Cloître, l'un des plus vastes de France, fut terminé en 1479, sous Christophe du Chatel, et béni par l'évêque de Sinope qui se trouvait alors à Tréguier.

« Nantes, qu'*ains* en la Touche *havois treuvé* trépas ;
« *Hores* que *cil* sépulcre *onc* ne *retreuve* pas ! »
A cette triste plainte un chœur d'ombres mitrées
Répond par des sanglots sous ces voûtes cintrées ! —
« Rien ne dure ici-bas ; pas même le repos
« Des morts dont à la terre on confia les os !
« La haine, la fureur, la discorde, l'envie
« Troublent le genre humain pendant toute sa vie ;
« Puis, à l'aide du Temps, ce destructeur puissant,
« Vont le troubler encore au sein de son néant. — »
A ces mots, descendue du haut du Sanctuaire,
Chaque ombre, enveloppée aux plis de son suaire,
S'incline avec respect : chaque ombre a reconnu
Les saints dont cet avis pour chacune est venu :
Tugdual, Pompée, dont les saintes reliques
Ont reposé longtemps sous ces voûtes antiques,
Et dont quelques fragments y reposent encor ;
Saint Yves, dont la tête est pour nous un trésor.

III.

UN AVENIR GLORIEUX

L'avenir est à Dieu : nul ne peut le connaître :
C'est un secret caché par le souverain maître :
Et ce temps qui n'est pas, qu'on appelle *avenir*,
Pour nous, si Dieu le veut, peut ne jamais venir !.....
Il n'est qu'un avenir qui n'admet aucun doute ;

Un terrible avenir que tout chrétien redoute ;
De peine ou de pardon, avenir mérité :
Avenir infaillible ... et pour l'éternité ! !.. —
Le *vieux Chrétien* rêvait : et les choses passées
S'écoulaient lentement à travers ses pensées :
Il rêvait tristement aux humaines grandeurs,
A l'éclat passager des terrestres splendeurs !
Comparant, *Lantreger*, ton ancienne opulence
A ton sort actuel ; il pleurait en silence. —
Vers le déclin du jour, après avoir rêvé
Dans ce palais désert, — encor inachevé, —
D'où, fuyant les méchants qui font à Dieu la guerre,
L'évêque Le Mintier partit pour l'Angleterre ; (1)
Le cœur gros et serré, le pauvre vieil auteur
Pénétra tout pensif dans l'enclos protecteur
Où les jeunes chrétiens trouvent un sûr asile
Pour y combattre en paix l'ignorance stérile,
S'instruire, devenir des hommes pleins d'honneur,
La gloire du pays, les enfants du Seigneur... —
En voyant ce séjour, ses profondes pensées
Furent moins tristes et beaucoup moins oppressées.
Son cœur se dilata ; sa lèvre enfin sourit :
Il pria, bénit Dieu, se recueillit et dit :
« Te voilà donc debout, vieux Petit Séminaire,
Que *quinze-cent* vit naître?.. — Ah, le cours ordinaire

---

(1) **Mgr.** Le Mintier, dernier évêque de Tréguier, pieux et charitable, décrété de prise de corps le 14 février 1791, s'enfuit en Angleterre, vivement regretté de ses diocésains. —

Des choses d'ici-bas n'est point de prospérer !... —
Il nous est donc permis, Seigneur Dieu, d'espérer ?. —
O ma noble TRÉGUIER, tu n'es pas encor morte :
Peut-être l'avenir sur ses ailes t'apporte
Une nouvelle gloire, un lustre tout nouveau :
Tu vas peut-être atteindre à ton ancien niveau !
En voyant ce collége accroître l'étendue
De ses vastes dortoirs où déjà s'est rendue
La jeunesse qui compte aujourd'hui quatre cents,
Un sentiment d'orgueil s'empare de mes sens.
Je songe au temps passé, — temps de la Renaissance, —
Où dans ce grand Paris, le *Collége de France*,
Collége de Tréguier fut tout d'abord nommé,
Car trois nobles Bretons à leurs frais l'ont formé. — (1)
Puis voyant les tombeaux qui sont dans ta chapelle,
Je crois que tout va prendre une face nouvelle,
Collége fortuné : car ces trois monuments
Où depuis deux cents ans dorment les ossements
De tes trois bienfaiteurs, *Grangier*, *Thépaut*, chanoine,
Et sa sœur de *Trézel*, (ton noble patrimoine !)
Ont été respectés, — ô miracle touchant ! —
Dans ces temps de terreur où régnait le méchant ! »

. . . .

. . . .

En prononçant ces mots, mon âme consolée

----

(1) Trois bretons ; Guillaume de Koëtmohan, Oliver Doniou et
Christiern de Hauternik, instituèrent à Paris le *Collége de Tréguier* en
1321. Plus tard, il prit le nom de *Collége de France.*

Vers un rayon d'espoir s'en était envolée.
Le sommeil étendit ses voiles sur mes yeux.....
Et je fis un beau rêve éclatant, radieux ! —
Je rêvai que Trecor était dans l'allégresse ;
Que partout débordaient la fête et la liesse :
Qu'aux sons retentissants des joyeux carillons
Se mêlaient la fanfare et le bruit des canons :
Les chemins sont jonchés, les maisons pavoisées ;
Des feux éblouissants enflamment les croisées :
La vieille cathédrale est tendue en brocart ;
Cent lustres de cristal vous brûlent le regard ;
Des chanoines mitrés s'asseyent dans les stalles ;
Cent hallebardes d'or résonnent sur les dalles ;
De l'orgue rajeuni sortent des sons divins ;
Les enfants ont ravi leurs chants aux séraphins...
L'Hôtel épiscopal resplendit de lumière. —
Ma ville a retrouvé sa puissance première....
Tout semble m'annoncer un grave événement :
Fête-t-on d'un évêque, enfin, l'avénement ?., —
Non !.. — Qu'une joie immense éclate et se répande :
Dieu t'accorde, Tréguier, une gloire plus grande.
Le suprême bonheur pour le monde chrétien,
Cité de Tugdual, aujourd'hui c'est le tien.......

. . . .

. . . . , ...

— Mais, arrêtons au vol l'essor de la pensée,
Pour qu'on ne dise pas qu'elle est une insensée !...
L'homme, ce pauvre insecte, enflé de vanité,

Dicte ses lois au rêve et crie : insanité !...
Pourtant, tous ses projets, où souvent il échoue,
Ne sont que songes vains que l'avenir déjoue, —
Adorant en silence à l'ombre du saint lieu,
Cachons dans notre cœur le grand secret de Dieu,
Et bénissons tout bas la vision céleste
Qui de nos jours caducs embellira le reste ! !.. —
S'éveillant en sursaut, le pauvre *vieux Chrétien*
Répétait : « Ma Tréguier ; quel bonheur est le tien ! »

TABLE